LA MOSAÏQUE

LA MOSAÏQUE

EMMA BIGGS & TESSA HUNKIN

Le Temps Apprivoisé
18 rue de Condé
75006 Paris

Titre original : *Mosaic*
Traduit de l'anglais par Delphine Nègre
Photographies : Shona Nood

ISBN 2-283-58538-4
Dépôt légal : 2e trimestre 2003

Imprimé et relié en Chine

Sommaire

INTRODUCTION

Les Grecs furent les premiers à utiliser la mosaïque, sous forme de pavements décoratifs faits de galets de différentes couleurs. Les Romains développèrent leur technique en employant des cubes de marbre et des tesselles de verre ; on trouve encore des sols en mosaïque romains de la Grande-Bretagne à l'Afrique du Nord. Au début de l'ère chrétienne, les smalts en verre émaillé, ou émaux, servaient à créer de vastes mosaïques sur les murs et les voûtes des églises. Les exemples les plus remarquables se trouvent à Ravenne, au nord-est de l'Italie, où plusieurs églises recèlent des mosaïques d'une beauté et d'une puissance extraordinaires, réalisées aux Ve et VIe siècles.

Pendant le Moyen Âge, la mosaïque, en tant que technique décorative, se répandit en Occident comme dans l'Empire byzantin. L'église Saint-Marc à Venise et la mosquée de Sainte-Sophie à Istanbul contiennent quelques beaux exemples, illustrant l'emploi particulièrement généreux de l'or comme couleur de fond.

L'utilisation de la mosaïque déclina après la Renaissance, mais subsista néanmoins (notamment en Italie) au cours des XVIe, XVIIe et XVIIIe siècles. Le XIXe siècle assista au renouveau de toutes sortes de techniques décoratives, dont celui de la mosaïque. Les mouvements artistiques européens, en particulier l'Art nouveau et la Sécession viennoise, réinterprétèrent l'usage de la mosaïque sur différents bâtiments – maisons, gares et grands magasins.

Au XXe siècle apparurent de nouveaux matériaux de mosaïque industriels, en verre et en céramique, destinés aux surfaces importantes, comme en attestent de nombreux bureaux d'après-guerre.

Au sein de l'atelier de mosaïque, nous nous attachons à utiliser les matériaux et les techniques traditionnels aussi bien que modernes. Cet ouvrage a pour objet d'offrir une brève introduction à l'immense variété d'effets que l'on peut réaliser grâce à la mosaïque.

CHOISIR UN MOTIF

Les motifs et les sources d'inspiration peuvent, bien sûr, être de toutes origines, mais deux grands principes sont à considérer. Tout d'abord, la mosaïque est une technique excessivement minutieuse qui se prête surtout aux motifs les plus simples. Ensuite, l'art de réaliser une image en mosaïque la changera totalement de son aspect original. Cela peut être un avantage, sachant que la pièce copiée deviendra une œuvre unique et personnelle. Mais cela peut aussi s'avérer décevant si vous n'êtes pas préparé à cette transformation visuelle. Vous trouverez des gabarits de motifs en fin d'ouvrage.

Le petit miroir carré ci-dessous présente un dessin visiblement très simple, qui ne requiert aucune autre difficulté que celle de couper les carreaux en quatre. Son intérêt réside dans l'usage de la couleur et surtout dans le fait que la mosaïque, qui consiste en l'assemblage de petites pièces, est ici portée à son apogée.

Le miroir aux canards (page ci-contre) est plus grand et, par conséquent, un peu plus élaboré, bien que suivant les mêmes principes. Ici, les tesselles sont volontairement coupées à la main, afin que leur irrégularité naturelle produise un aspect bancal et artisanal.

Le miroir circulaire (ci-dessous) est lui aussi un exemple de motif créé par les propriétés du matériau utilisé. En l'occurrence, les morceaux proviennent de carreaux plus grands et peuvent ainsi prendre toutes sortes de formes. Le contraste des couleurs reste très subtil et laisse toute sa place au motif formé par les joints.

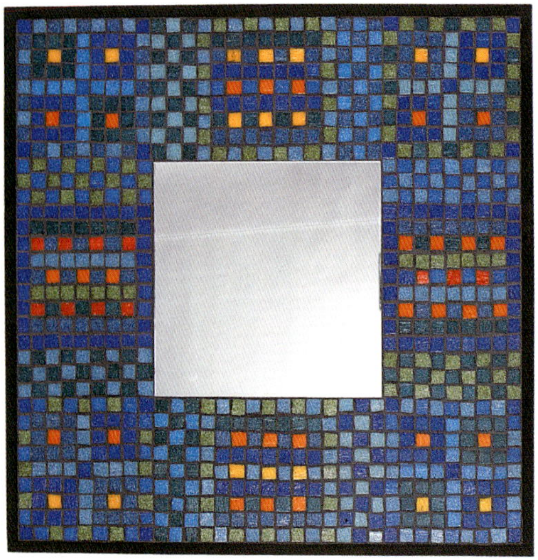

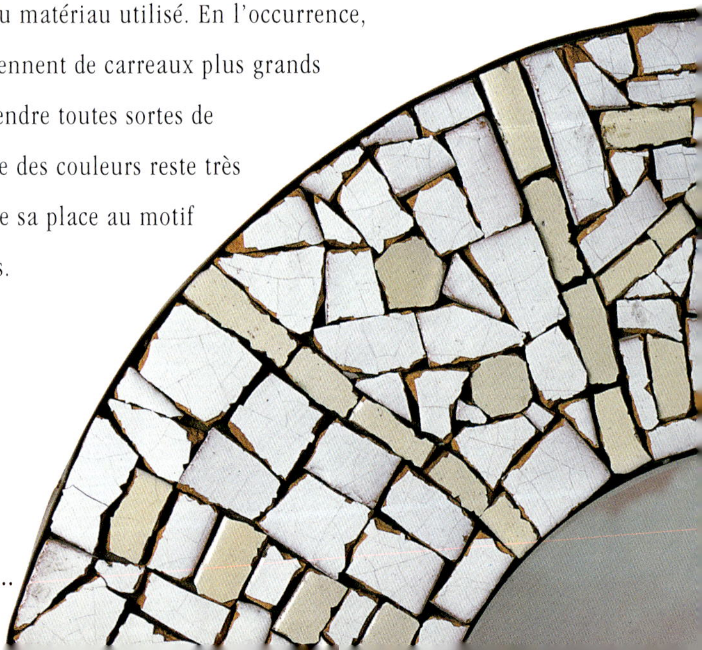

MÉTHODES

La méthode directe

Quel que soit le matériau utilisé, la mosaïque peut se faire selon deux méthodes. Dans la méthode directe, les morceaux sont directement collés sur le support, un à un. Cette technique s'avère utile quand le matériau utilisé ne présente pas la même surface au recto et au verso, comme c'est le cas des céramiques vernissées et des pavés de marbre polis. La méthode directe se prête également aux morceaux d'épaisseur variable et donnera une œuvre achevée légèrement en relief.

La méthode indirecte

Dans le cas de la méthode indirecte, les morceaux sont collés à l'envers sur une feuille de papier, sur laquelle le dessin apparaît de manière inversée. L'œuvre achevée, ainsi recouverte de papier, pourra être appliquée sur la colle en entier ou en sections de grande taille, et le papier détrempé et retiré. Cette méthode permet une plus grande souplesse dans la réalisation du motif, car l'on peut facilement le corriger. En outre, il est plus facile de voir ce que l'on fait car le dessin n'est pas dissimulé sous une couche de colle. La technique est idéale pour tous les projets à grande échelle, car elle peut se faire en atelier avant d'être transportée et assemblée sur place.

La méthode indirecte peut en outre donner une surface plane même avec des tesselles de différentes épaisseurs, à condition d'appliquer une fine couche de colle au dos de la tesselle avant de la fixer.

MATÉRIAUX

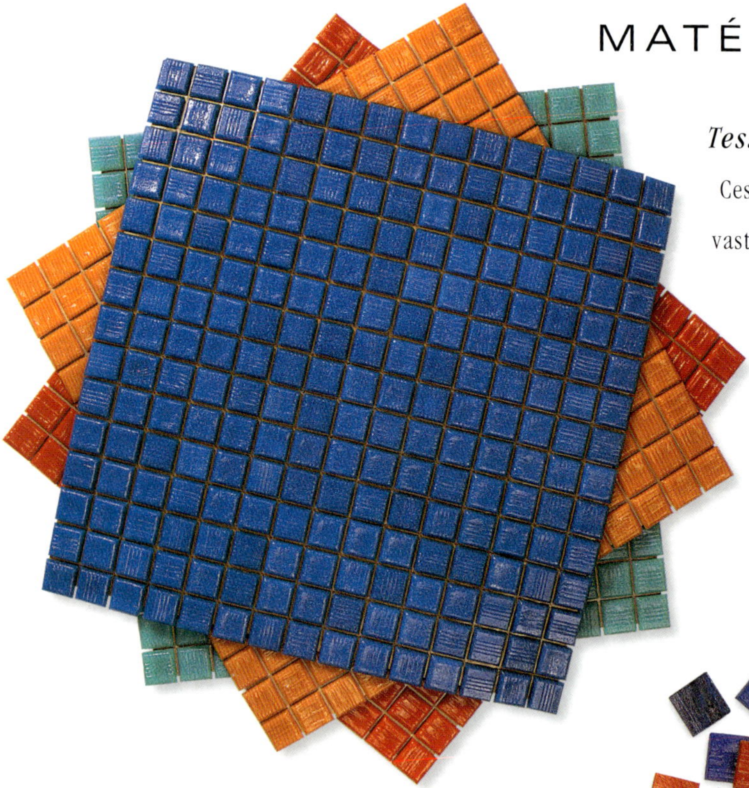

Tesselles en pâte de verre

Ces carreaux de 20 mm de côté sont disponibles dans une vaste gamme de couleurs. On peut les acheter en feuilles de 30 cm², soit environ 225 tesselles. Certains fournisseurs les vendent en vrac ou en petites quantités. Quand vous coupez des pâtes de verre, comptez environ 20 % de perte.

À gauche : s'il vous faut une grande variété de couleurs, mieux vaut acheter un sac de tesselles en vrac.

Ci-dessus : les tesselles en pâte de verre s'achètent en feuilles de 225 carreaux.

Ci-dessous : les smalts présentent des coloris plus ou moins vifs.

Smalts (émaux)

Les smalts en verre artisanal sont le matériau traditionnel des mosaïstes romains et byzantins. Encore fabriqués en Italie, les smalts sont confectionnés sous forme de grandes «galettes» irrégulières et sont coupés en rectangles inégaux vendus au poids. Chaque couleur est vendue dans un poids minimal de 500 g. On peut aussi acheter des sacs constitués de plusieurs coloris, provenant des chutes du bord des «galettes».

Carreaux de faïence

Les carreaux de faïence s'achètent collés sur des feuilles de papier, comme les pâtes de verre, ou sur des feuilles de mailles. Chaque carreau fait 25 mm de côté. Comme il est difficile de les détacher des mailles, préférez ceux présentés sur du papier. La plupart des carreaux de céramique destinés à couvrir les murs se prêtent à la mosaïque, mais évitez ceux dont le bord est biseauté.

Gamme de carreaux de faïence.

Marbre

La plupart des pavés de marbre résultent de la coupe de carreaux de marbre polis à la scie à eau. Ils se vendent en une seule couleur à la fois, sur un support tissé, en feuilles d'environ 30 cm². Le support étant impossible à retirer, achetez les pavés en vrac si vous voulez les utiliser séparément. Chaque pavé possède une face polie et une face sciée plus rugueuse, utilisables l'une comme l'autre. Vous pouvez couper vous-même les pavés de marbre en deux à l'aide d'une pince japonaise pour produire une surface rugueuse et cristalline. Un pavé ainsi sectionné est dit éclaté. On trouve aussi des galets de marbre.

En coupant un pavé de marbre en deux, on révèle son intérieur cristallin.

AUTRES MATÉRIAUX

La mosaïque accepte tout autre matériau de petite taille, comme par exemple les coquillages, les galets, les écrous métalliques, les perles, les boutons, etc. De même, on peut utiliser tout matériau qui se coupe ou se casse facilement, comme le verre coloré, le verre de miroir et la vaisselle en céramique.

SUPPORTS

Planches de bois

Si vous souhaitez confectionner une mosaïque à usage extérieur, utilisez un contreplaqué spécial extérieur (ou marine) ou du bois dur. Si l'œuvre doit être encadrée, optez également pour du bois dur. Pour un usage intérieur, tous les bois et contreplaqués feront l'affaire, mais le médium (panneau de fibres de moyenne densité) est particulièrement indiqué en raison de sa stabilité aux changements atmosphériques.

On peut utiliser des planches très fines (de 9 mm d'épaisseur) pour des mosaïques n'excédant pas 40 cm^2. Avant de commencer la mosaïque, fixez une latte de bois horizontale au dos de la planche, afin de pouvoir y visser ultérieurement des supports de fixation.

Les grandes mosaïques devront être réalisées sur des planches plus épaisses et donc plus solides. Pour les œuvres de plus de 1 m^2, mieux vaut employer une planche de 12 mm dotée d'un croisillon au dos, afin de réduire le poids de l'œuvre achevée.

Murs

Le plâtre ordinaire devra être préalablement apprêté. Si la surface est peinte, vérifiez que la peinture adhère parfaitement au mur. Le crépi de ciment constitue un bon support de mosaïque et se révèle indispensable dans les endroits humides et à l'extérieur. N'oubliez pas qu'il vous faudra certainement utiliser une fine couche de colle, et que la moindre bosse ou protubérance se verra dans le résultat final.

Sols

Les sols en bois devront être recouverts de plaques de contreplaqué de 15 mm, fixées à 23 cm d'intervalle. Résistant à l'humidité, le contreplaqué marine s'utilisera dans les salles de bains et les cuisines. Les sols en ciment offrent un support tout à fait convenable, mais il est évident que la planéité est un critère encore plus déterminant sur les sols que sur les murs.

Sélection de projets issus de l'ouvrage :
En haut à gauche : le revêtement de lavabo de la page 34.
En haut à droite : le panneau de jardin de la page 60.
En bas à gauche : détail de la frise animalière de la page 43.
En bas à droite : le plat en smalts de la page 80.

Doulton

OUTILS DE COUPE ET COLLES

Pince japonaise (ou de mosaïste)

Cet outil est indispensable pour couper le verre, la céramique, le marbre et les smalts. Pour couper des matériaux plus fins, comme la pâte de verre, placez la pince au bord du carreau. Pour des matériaux plus épais, comme le marbre et les smalts, placez-la sur le carreau, dans le sens de la coupe voulue. Une bonne technique de coupe requiert une certaine pratique, mais les morceaux mal coupés pourront resservir dans un autre projet.

Pince coupe-carreaux

Cet outil est muni d'une molette destinée à rayer la ligne de coupe, et d'ailettes se plaçant au-dessus de l'entaille afin de favoriser la bonne coupe du carreau. Vendues dans tous les magasins de carrelage, les pinces coupe-carreaux servent à couper les carreaux de plus de 25 mm de côté.

Coupe-verre

En vente dans les magasins de bricolage, les coupe-verre à molette servent à couper le verre coloré. On peut aussi se servir d'une pointe à tracer pour découper précisément les mosaïques en or et en argent.

IMPORTANT

Portez toujours des lunettes de protection pour couper des carreaux. Il est conseillé de porter un masque en travaillant la mosaïque. Éliminez régulièrement les débris de verre et la poussière.

COLLES

Le choix de l'adhésif dépend du matériau utilisé, du support et de la destination finale de la mosaïque (en intérieur ou en extérieur).

Colle vinylique à l'eau (acétate de polyvinyle)

Elle ne sert pas à fixer, mais s'emploie dans la méthode indirecte au cours du stade intermédiaire pour coller les morceaux de papier. Elle doit être diluée avec une même quantité d'eau avant d'être appliquée sur le papier. Une fois détrempé, le papier sera retiré de la mosaïque.

Colle vinylique non soluble à l'eau et EVA (acétate d'éthylène)

Ces colles s'utilisent dans la méthode directe pour fixer les carreaux de mosaïque plats, notamment en céramique, sur des supports en bois ou en médium. La colle vinylique se prête aux emplacements secs et la colle EVA aux pièces humides, mais elles ne conviennent pas à un usage extérieur.

Ciments-colles

Les ciments d'intérieur à prise rapide serviront dans la méthode indirecte à fixer les tesselles sur les planches ou directement sur les murs. Il existe aussi des colles d'extérieur à prise lente pour les mosaïques faites de manière indirecte ou directe. Nous recommandons également d'utiliser du ciment à prise lente pour les mosaïques d'intérieur réalisées selon la méthode directe, car il permet un temps de travail plus long. Utilisés pour encoller les planches, les ciments-colles d'intérieur et d'extérieur doivent être mélangés à un adjuvant à base de latex, disponible chez les fournisseurs pour carreleurs. Il s'agit d'un liquide dilué pour moitié d'eau que l'on ajoute aux ciments-colles en poudre. Le latex améliore la souplesse et l'adhérence du ciment, et devrait être utilisé dans tous les cas où la mosaïque est soumise à rude épreuve (manipulations, vibrations, variations de température, etc.). Il se prête également aux usages extérieurs.

Mastic silicone

En vente dans les magasins de bricolage sous forme de cartouches, il s'utilise avec un pistolet à mastic. Le mastic silicone est conseillé pour coller le verre, sur un support en bois ou en verre. Il existe des silicones transparents.

Mortier

Le mortier, ou mélange de sable et de ciment, est le matériau de fixation traditionnel de la mosaïque. On l'utilise encore beaucoup pour fixer les sols qui demandent à être nivelés. Le mortier se pose jusqu'à 30 mm d'épaisseur et la mosaïque est enfoncée dedans, ce qui permet d'absorber toute irrégularité de support ou de mosaïque.

MORTIER À JOINTS

Le mortier à joints sert à combler les vides entre les carreaux de mosaïque. Il est indispensable dans les endroits qui doivent rester propres, comme les cuisines et les salles de bains, car il donne à la mosaïque une surface plane qui peut être lavée. On peut utiliser n'importe quel type de mortier à joints, mais les plus fins conviendront aux joints étroits. Le mortier à joints s'achète en version prête à l'emploi, ou sous forme de poudre à délayer dans de l'eau.

Petit miroir circulaire

Pour réaliser un cadre de miroir en mosaïque, prévoyez une surface à décorer suffisamment large pour pouvoir créer quelque chose d'intéressant, mais pas trop large non plus afin que le miroir ne soit pas perdu au milieu. En règle générale, le diamètre du miroir doit être supérieur à la largeur de son pourtour.

Limitez-vous à quelques groupes de couleurs seulement. Dans ce projet, il y en a trois : les couleurs sombres (noir, vert et bleu), les jaunes et dorés (bris de faïence, tesselles en or et morceaux de verre) et le blanc (carreaux blancs, cadre et mortier à joints).

Nous avons utilisé un support encadré, dont le bord surélevé permet de protéger l'extérieur de la mosaïque. À défaut, contentez-vous d'un cercle en médium et peignez les bords dans le même blanc que celui des joints.

Par cette première réalisation, vous apprendrez à inciser et à sectionner les carreaux de faïence, et à façonner les pâtes de verre en petits ronds à l'aide d'une pince.

Ce miroir, comme ceux des pages 12 et 13, se fait selon la méthode directe, c'est-à-dire que les tesselles sont collées directement sur la surface, côté face en haut.

MATÉRIEL NÉCESSAIRE

Crayon
Règle
Cadre de miroir ou cercle de médium de 9 mm d'épaisseur
Ruban adhésif
Miroir
Carreaux de faïence
Pince coupe-carreaux
Pince japonaise
Tesselles en or
Assiette
Marteau
Colle vinylique non soluble à l'eau
Mastic silicone
Mortier à joints blanc
Gants de caoutchouc
Éponge
Chiffon non pelucheux

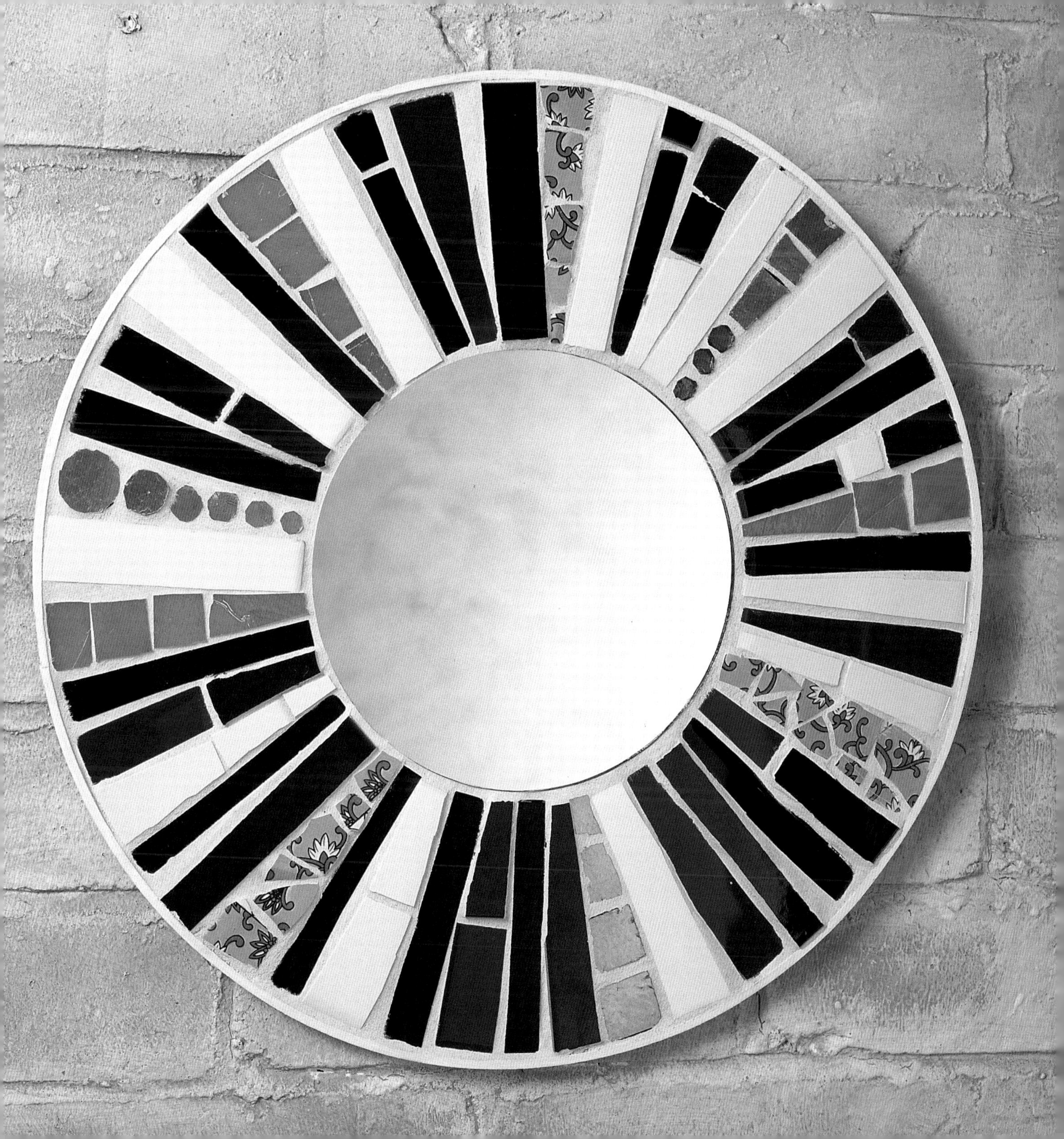

1 Tracez des traits irradiant du centre du cadre, jusqu'au bord, en guise de repères pour l'emplacement des tesselles. Avec du ruban adhésif, fixez le miroir à l'envers au centre du cadre.

2 Choisissez quelques carreaux à couper. À l'aide d'un coupe-carreaux, entaillez-les en une étroite bande. Pour que les bandes s'insèrent correctement dans le cercle, elles doivent être légèrement fuselées à un bout. Placez l'outil au-dessus de l'encoche et cassez le carreau d'un coup sec.

3 Transformez les tesselles dorées en petits ronds en «grignotant» peu à peu les coins avec d'une pince japonaise. Puis, brisez une vieille assiette avec un marteau, en la recouvrant d'abord d'un torchon pour éviter toute projection d'éclats (les tasses ont une surface arrondie qui ne convient pas à ce type de projet).

5 Détachez soigneusement le miroir du cadre et éliminez le ruban adhésif. Appliquez une généreuse couche de mastic silicone sur le cadre et fixez le miroir en place. Préparez le mortier à joints et étalez-le sur la mosaïque, en travaillant jusqu'au bord du cadre. Avec un gant de caoutchouc, enfoncez bien le mortier dans les joints. Éliminez l'excédent au fur et à mesure avec vos doigts.

4 Collez les morceaux de mosaïque sur le cadre à l'aide d'une épaisse couche de colle vinylique. Continuez à couper des carreaux au fur et à mesure de vos besoins. Tâchez de conserver un même écart entre les différents éléments.

6 Nettoyez immédiatement le mortier à l'aide d'une éponge de décorateur imbibée d'eau propre et fortement essorée. Ne passez qu'une seule fois chaque face de l'éponge avant de la rincer (une éponge sale souillerait les carreaux de mosaïque). Laissez sécher une heure et lustrez la mosaïque à l'aide d'un chiffon propre et sec.

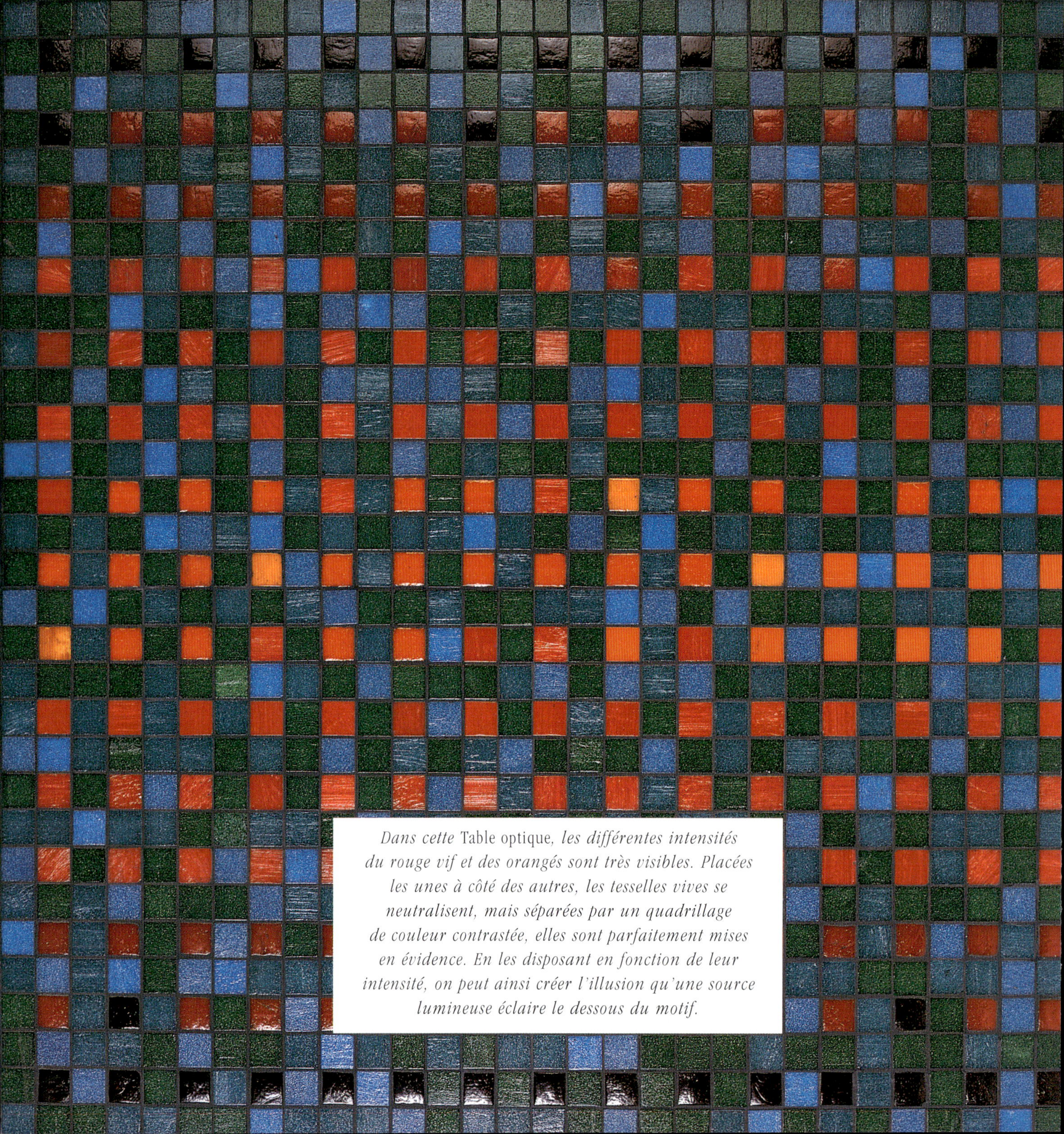

Dans cette Table optique, *les différentes intensités du rouge vif et des orangés sont très visibles. Placées les unes à côté des autres, les tesselles vives se neutralisent, mais séparées par un quadrillage de couleur contrastée, elles sont parfaitement mises en évidence. En les disposant en fonction de leur intensité, on peut ainsi créer l'illusion qu'une source lumineuse éclaire le dessous du motif.*

COULEURS ET MOTIFS

L'un des grands avantages de la mosaïque réside dans l'immense gamme des couleurs existantes, autant dans les pâtes de verre que dans les smalts. Le choix d'une palette est un stade déterminant pour tout travail de mosaïque. On peut être tenté de choisir des couleurs individuelles, jolies en soi, mais la réussite du motif dépendra essentiellement du rapport des couleurs entre elles. Chaque couleur possède trois qualités distinctes :

LA TEINTE
vert, bleu, rouge, etc.

LE TON
foncé, clair, ou entre les deux

L'INTENSITÉ
pure et vive, ou pâle

Les couleurs qui possèdent l'une de ces qualités en commun présenteront immédiatement des affinités. Par exemple, des couleurs de même ton seront toujours en harmonie, et des couleurs très vives parviendront à un certain équilibre. Également, on peut obtenir un fort contraste en juxtaposant des couleurs ayant des qualités opposées dans une même catégorie. Les couleurs claires se détacheront des couleurs foncées, et les couleurs vives ressortiront sur des couleurs pâles.

La mosaïque *Douche «bibliothèque»* montre l'effet de l'utilisation d'une gamme limitée de teintes. L'œuvre se compose surtout de diverses nuances de gris et de verts, que viennent rehausser quelques touches de jaune et de rouge, plus intenses. Les contrastes de tons créés par l'alternance des fonds clairs et foncés donnent un certain relief au motif. Les mêmes bols et cruches colorés ont un aspect différent selon que leur fond est clair ou foncé. Un mortier à joints sombre unit les zones foncées, mais divise les zones pâles, comme la frise supérieure monochrome, avivée par le quadrillage des joints.

Le Progrès

Dans *Le Progrès*, les tons clairs et foncés interviennent sur le fond comme sur le personnage pour donner une impression de volume et de relief. La source lumineuse imaginaire se trouve à l'opposé du personnage et du fond, favorisant ainsi le contraste entre les deux. On a utilisé un mortier à joints gris moyen qui divise les parties pâles comme les foncées, offrant ainsi l'équilibre nécessaire à la composition. C'est un stratagème souvent utilisé dans les portraits, qu'il s'agisse de toiles ou de photographies.

Tête en smalts

La *Tête en smalts* est un exemple réussi de jeu d'intensités. Les smalts sont un matériau très intense, mais dont quelques couleurs sont encore plus vives que les autres. Les jaunes brillants des cheveux équilibrent le rouge de la bouche. La forme du visage est déterminée par l'utilisation de différents tons, mais tous choisis parmi une variété de bleus, de verts et de gris afin de donner plus d'intérêt à l'œuvre et d'illustrer la complexité de la couleur de la peau.

Douche «bibliothèque»

MORTIERS CONTRASTANTS

Avec les pâtes de verre, il faut toujours tenir compte de la couleur du mortier à joints. On peut utiliser du mortier coloré, qui rend les interstices invisibles, mais pour la plupart des mosaïques, le motif des joints fait partie intégrante de l'œuvre. Un mortier de teinte neutre (blanc, gris ou noir) ne jurera pas avec la couleur des tesselles. La difficulté réside dans le degré de clarté que l'on doit donner au mortier, qui varie selon les œuvres. Un mortier contrastant mettra les joints en évidence et divisera les zones colorées, tandis qu'un mortier de même ton unifiera la couleur en réduisant la visibilité des joints.
Notons qu'un mortier foncé fait ressortir l'intensité des couleurs bien plus qu'un mortier blanc ou gris.

Effet produit par un mortier blanc ou noir.

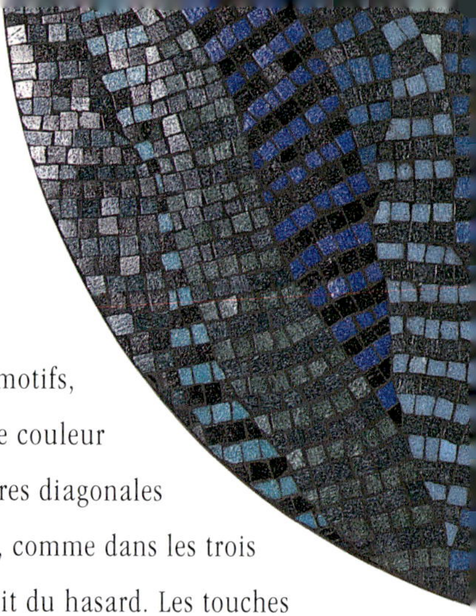

MOTIFS

Constituée d'éléments répétés, la mosaïque se prête tout particulièrement à la création de motifs, en grande partie dépendants de la sélection des couleurs et de leur emplacement. Une seule couleur disposée en quadrillage aura un effet très différent d'une même couleur agencée en hachures diagonales ou en «briques». Les motifs les plus simples consistent en mélanges aléatoires de couleurs, comme dans les trois exemples ci-dessous : le motif n'est pas structuré mais n'est pas non plus totalement le fruit du hasard. Les touches vives doivent être réparties avec soin, afin qu'elles présentent une certaine cohérence, sans se retrouver toutes dans un coin.

Par motif de mosaïque, on entend souvent la répétition d'un même élément, comme dans la *Frise végétale* ci-dessous ou autres frises traditionnelles romaines. Avant de vous atteler à ce type de travail, songez que faire sans arrêt la même chose perd vite de son charme, à moins que, comme les Romains, vous ne disposiez de main-d'œuvre ! En outre, la répétition d'un motif n'est pas toujours aussi facile qu'elle en a l'air.

Frise végétale

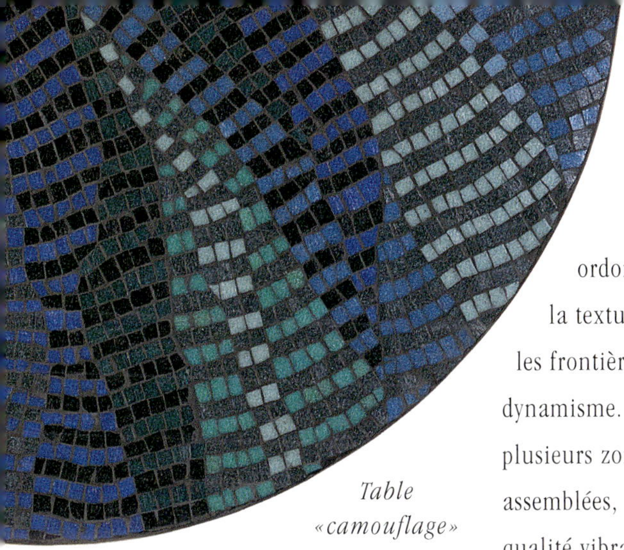

Table «camouflage»

La *Table «camouflage»* se compose de différents éléments ordonnés en bandes. Elle montre comment un motif peut être utilisé par la texture ou par la couleur pour définir des zones particulières, et comment les frontières entre les différentes parties ajoutent une impression de dynamisme. Dans ces panneaux conçus pour un restaurant (ci-dessous), plusieurs zones colorées servent de fond aux différents plats et bols. Ainsi assemblées, les couleurs donnent l'illusion du textile et confèrent au tableau une qualité vibrante et réaliste.

Panneaux de restaurant

Cheval décoratif

Cette réalisation utilise la méthode indirecte, une technique prisée par les mosaïstes professionnels pour sa compatibilité avec les grands projets. En effet, elle permet de créer des panneaux en atelier et de les assembler *in situ*. La méthode s'avère aussi très utile pour les travaux de moindre envergure, laissant le temps de travailler et de réfléchir sans crainte de voir sécher le ciment-colle. Elle permet d'apporter facilement des corrections pour améliorer l'aspect général, car les tesselles peuvent être aisément retirées et remplacées.

Cette dalle décorative présente toutes sortes de couleurs, mais la plupart sont de diverses teintes de vert et de bleu de faible intensité. Nous avons utilisé beaucoup de contrastes de tons pour créer les zones sombres sous les arbres et le cheval. Là où les formes ne sont pas clairement définies par le contraste, des couleurs intenses ont été introduites, comme le rouge sur la queue ou le jaune et l'orange sur la crinière et le museau.

Ce type de dalle décorative peut s'utiliser comme dessous-de-plat, à condition de coller du feutre au dos pour ne pas rayer la table. On peut aussi la fixer au mur avec du ciment-colle, ou s'en servir comme panneau décoratif dans un jardin ou encore en faire un revêtement de lavabo.

MATÉRIEL NÉCESSAIRE

Ciseaux
Papier kraft
Dalle de céramique
Fusain
Pince japonaise
Tesselles en pâte de verre
Pinceau
Colle vinylique à l'eau (diluée dans une même quantité d'eau)
Mortier à joints noir
Gants de caoutchouc
Éponge
Ciment-colle
Spatule crantée
Raclette

1 Découpez un morceau de papier kraft aux dimensions de la dalle à décorer. Ébauchez votre dessin sur le papier à l'aide d'un fusain (facile à corriger et à effacer). Ceci est particulièrement recommandé pour les grands projets. Choisissez une palette de couleurs.

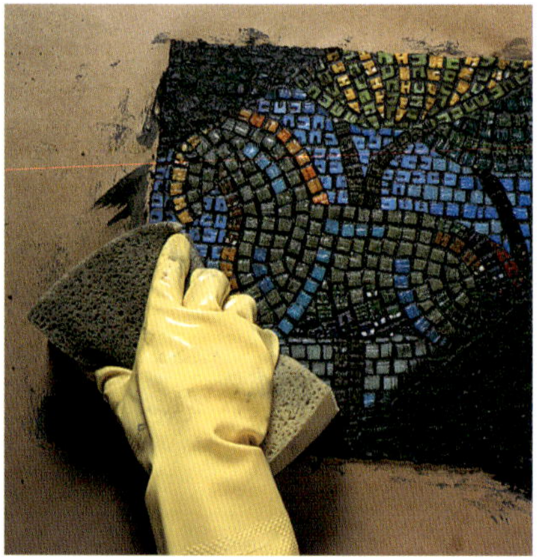

4 Nettoyez la mosaïque à l'aide d'une éponge essorée. Ne la passez qu'une seule fois par face, puis rincez-la bien avant de recommencer.

2 Avec la pince, coupez les tesselles en quatre, en les sectionnant en deux, puis encore en deux. Encollez le papier et posez-y les tesselles, côté plat dessous, en laissant un interstice régulier entre elles. Travaillez par petites sections, en réalisant d'abord les principaux éléments et en rajoutant le fond en dernier. Coupez les tesselles en formes adaptées au motif. Laissez sécher une heure.

3 Pour protéger votre plan de travail, couvrez-le à présent de papier. Préjointoyez la mosaïque avec les doigts (protégés par un gant de caoutchouc), en enfonçant le mortier dans les joints. Cela empêche la colle de remonter et facilite son adhérence.

5 À l'aide d'une spatule crantée, étalez le ciment-colle sur la partie lisse de la dalle. La spatule permet l'application d'une épaisseur uniforme sur la surface de la dalle. En maintenant la mosaïque bien à plat, posez-la sur la dalle et appuyez dessus.

7 Préparez une nouvelle portion de mortier à joints et étalez-la sur la mosaïque à l'aide d'une raclette. N'oubliez pas les bords de la dalle. Enfoncez bien le mortier dans les joints, puis nettoyez la surface avec une éponge essorée et laissez sécher au moins une heure.

6 Humidifiez le papier kraft à l'éponge, en le maintenant humide une dizaine de minutes. Commencez à détacher le papier à partir d'un coin supérieur, en gardant une main à plat sur la dalle. Détachez à partir des autres coins, à chaque fois vers le centre. Si des tesselles se détachent, recollez-les. Encollez le pourtour de la dalle afin de le protéger. À l'aide d'une éponge, nettoyez les résidus de mortier sur le dessus de la mosaïque et lissez le mortier dans les joints.

Revêtement de lavabo

Cette dalle de salle de bains montre comment le jeu des couleurs peut créer une impression de profondeur et de transparence. De simples transitions de couleur donnent l'illusion de formes translucides en suspension devant les poissons. Les teintes de ces rectangles varient – tantôt plus claires, tantôt plus foncées – mais conservent un rapport très fort entre elles, permettant ainsi au fond et au premier plan de se distinguer avec beaucoup de netteté.

Les couleurs utilisées dans cette réalisation sont choisies parmi une palette de bleus, de verts et de gris-violet, avec quelques touches de jaune. Dans une composition polychrome comme celle-ci, il peut être utile de commencer par un dessin en couleurs, pour mieux déterminer l'équilibre des coloris. Par exemple, le fond vert turquoise à gauche est contrebalancé par les formes vert vif de droite.

Cette œuvre repose sur la méthode indirecte, et se confectionne comme le cheval (voir pp. 30-33). Dessinez un simple croquis sur du papier-calque, retournez-le (puisqu'il s'agit de la méthode indirecte) et agrandissez-le à la photocopieuse. Décalquez le dessin agrandi sur du papier kraft à l'aide d'une table lumineuse ou, à défaut, en tenant les deux feuilles de papier contre une fenêtre éclairée.

On peut aussi agrandir directement le croquis sur le papier kraft en traçant un quadrillage comportant le même nombre de carrés sur l'original et le papier kraft, et en recopiant le dessin à la main, carré par carré.

MATÉRIEL NÉCESSAIRE

Croquis en couleurs (facultatif)
Papier-calque
Crayon
Papier kraft
Tesselles en pâte de verre
Pince japonaise
Pinceau
Colle vinylique à l'eau (diluée dans une même quantité d'eau)
Mortier à joints noir
Gants de caoutchouc
Éponge
Ciment-colle
Adjuvant à base de latex
Spatule crantée
Contreplaqué marine de 9 mm

ROYAL
Doulton
MADE IN ENGLAND

Mosaïque sur canevas

Ces carreaux de mosaïque agrémenteront très joliment toute surface murale unie. Déterminez combien de carreaux il vous faut avant de commencer, et choisissez des couleurs assorties à celle du fond. Ces carreaux étant de petite taille, optez pour un motif simple. N'oubliez pas que la couleur du mortier contribuera également à l'effet final. Ici, nous avons utilisé un blanc brillant. La technique de la mosaïque sur canevas permet de voir le résultat final en cours de travail. Si vous devez procéder à des modifications, il suffit de retirer les tesselles avant que la colle n'ait séché. Le papier siliconé utilisé dans l'étape 3 empêchera le canevas de coller à votre plan de travail.

MATÉRIEL NÉCESSAIRE

Ciseaux
Papier kraft
Marqueur noir
Gros canevas de tapisserie
Papier siliconé
Pince japonaise
Tesselles en pâte de verre
Colle vinylique non soluble à l'eau
Ciment-colle blanc
Spatule crantée
Gants de caoutchouc
Raclette
Mortier à joints blanc
Éponge
Chiffon non pelucheux

1 Découpez un morceau de papier kraft de même dimension que les carreaux à poser au mur. Dessinez le motif au marqueur noir (afin qu'il se voie sous le canevas). Choisissez une palette de couleurs.

2 Découpez un carré de canevas de même dimension que le papier. Posez-le sur le papier et décalquez le motif dessus.

3 Posez le canevas sur une feuille de papier siliconé. Coupez les tesselles à la forme voulue et collez-les, côté plat en haut, sur le canevas (vous pouvez éventuellement placer les tesselles sur le papier kraft avant de les transférer une par une sur le canevas). Commencez par le pourtour, puis posez les principaux éléments avant de terminer par le fond.

4 Étalez le ciment-colle sur le mur avec la spatule crantée, et collez les carreaux de mosaïque entre les carreaux unis. Appuyez fermement dessus afin qu'ils adhèrent bien au mur. Terminez le mur, puis laissez sécher.

5 À l'aide d'une raclette, étalez le mortier à joints sur les carreaux de mosaïque et comblez bien les interstices entre les carreaux. Nettoyez avec une éponge essorée. Une fois le mortier sec, lustrez avec un chiffon non pelucheux.

Ces carreaux décoratifs ont été réalisés avec des tesselles en pâte de verre, et l'intensité des couleurs a été rehaussée par l'ajout d'un mortier gris foncé. Les motifs s'inspirent de ceux que l'on trouve souvent sur les textiles tissés ou tricotés. L'effet rendu par les couleurs chatoyantes rappelle les tapis turcs ou afghans. Le grand avantage du travail manuel est que chaque pièce peut être différente. Cela évite les répétitions lassantes et permet d'explorer plusieurs variations sur un même thème.

Frise animalière

Ces frises, qui jouent avec le pelage des animaux, sont tout spécialement destinées aux chambres d'enfants. Sur chaque panneau, les motifs du pelage de l'animal sont repris dans le fond. Par exemple, le léopard se tient contre un fond à pois, tandis que le zèbre de la page 43 est entouré d'un fond rayé. Il s'agit d'une réflexion sur le phénomène du camouflage, qui permet aux animaux de se fondre dans leur environnement. C'est une idée fort intéressante à explorer en mosaïque, mais la frontière entre intérêt et invisibilité est parfois très ténue, comme on peut le voir p. 83.

Le projet utilise un grand nombre de couleurs. Tous les animaux se ressemblent en ceci qu'ils sont très contrastés, avec un pelage soit vif et foncé, soit clair et foncé. Les coloris du fond présentent des teintes et des tons plus proches.

La nature constitue une source inépuisable d'inspiration pour la mosaïque, à condition que les motifs soient simples et distincts.

MATÉRIEL NÉCESSAIRE

Ciseaux
Papier kraft
Fusain
Tesselles en pâte de verre
Pince japonaise
Pinceau
Colle vinylique à l'eau (diluée dans une même quantité d'eau)
Mortier à joints noir
Gants de caoutchouc
Éponge
Ciment-colle
Adjuvant à base de latex
Spatule crantée
Médium de 12 mm d'épaisseur

Pour réaliser une frise murale, procédez selon la méthode indirecte, telle qu'elle est expliquée pour le cheval des pages 30-33. Ébauchez votre dessin au fusain, en gardant à l'esprit que l'œuvre achevée sera inversée. Si vous souhaitez faire un dessin préalable en couleurs, il vous faudra le décalquer sur le papier de support, comme cela est expliqué p. 34.
Commencez par trois bords de la frise, en laissant un côté ouvert afin d'éliminer les morceaux cassés. Travaillez sur une seule section à la fois, en commençant par les éléments principaux et en terminant par le fond.

NOIR ET BLANC, TEXTURE

Crocodile du Groucho Club

Le travail en noir et blanc permet d'expérimenter des effets visuels qui seraient passés inaperçus en couleurs. La réalisation de motifs simples implique une plus grande concentration sur les fondements de la mosaïque : l'emplacement des joints, les angles de coupe des tesselles et les effets créés en variant la taille des tesselles. Dans ce chapitre, nous espérons vous montrer que ces effets peuvent être très sophistiqués.

Les résultats varient énormément selon la méthode choisie pour disposer les tesselles, et la simplicité inhérente à l'emploi de tesselles noires et blanches vous permet de mieux vous concentrer sur ces techniques.

Les *Bols gris* illustrent une méthode de pose particulière, selon laquelle les tesselles sont disposées en ligne. L'idée est de créer une impression de calme, et la simplicité de l'approche rend les variations les plus subtiles visibles dans la ligne. Les légères ondulations seraient imperceptibles dans une réalisation en couleurs, dans un motif plus complexe ou si la taille des tesselles variait.

Bols gris

Bien sûr, vous pouvez étoffer le motif et trouver dans la nervosité visuelle qui en résulte un certain esthétisme. On peut aussi faciliter la «lecture» du motif en variant et en contrastant les méthodes de coupe, en distinguant par exemple différents assemblages dans une même zone de couleur. La mosaïque *Crocodile* (page ci-contre) figurant à l'entrée du Groucho Club de Londres en est un bon exemple. Elle est exécutée en noir et blanc, avec une infime touche de vert dans les yeux. La méthode

habituelle pour distinguer le sujet du fond aurait été d'insérer des contours noirs autour des différents éléments ; ici, toutefois, le sujet comme le fond sont composés de zones en noir et blanc, et pour que l'œuvre soit «lisible», les tesselles sont taillées et disposées de différentes manières : petits carrés pour le fond, et différentes formes plus grandes pour le crocodile. Le ventre écailleux consiste en tesselles disposées en nids-d'abeilles, le dos en longues tesselles rectangulaires, les pattes en morceaux irréguliers et les dents, très visibles, en longs triangles acérés.

Les carreaux noirs et blancs, qu'ils soient en marbre ou en céramique, figurent souvent dans les pavements. Mais ce n'est pas parce qu'ils forment généralement des motifs simples et géométriques qu'ils doivent être forcément agencés de manière rigoureuse ou excessivement régulière. Le motif en «roues de charrette» de cette mosaïque de pavement révèle au contraire une approche très fantaisiste. Aucune des courbes n'est identique, et l'harmonie procède de leur similitude plutôt que de leur stricte concordance. N'hésitez pas à expérimenter cette liberté d'approche : la mosaïque s'y prête aussi très bien.

Roues de charrette

TEXTURE

Poissons et fruits

La texture est une autre propriété essentielle de la mosaïque qui se révèle surtout en l'absence de couleurs. La mosaïque ne s'utilise pas forcément pour sa surface plane et facilement lavable. Les mosaïques byzantines, par exemple, étaient faites de smalts étonnamment espacés et disposés de telle manière que la lumière, en s'y heurtant, créait des effets très sophistiqués. Loin d'être planes, ces mosaïques doivent leur esthétisme à leur irrégularité et à leur pouvoir de réflexion.

Le *Paysage bleu* de la page 49 réunit des pâtes de verre utilisées à l'envers : le côté plat est collé au support, tandis que le côté irrégulier confère à la scène une impression de lumière vacillante estivale. Cela est rehaussé par l'absence de joints, qui permet d'exploiter la juxtaposition des taches de couleur sans l'effet fracturé du mortier à joints.

Poissons et fruits est une mosaïque faite en marbre et en terre cuite. Là, les tesselles sont coupées dans la tranche, exposant la structure interne de la pierre. Le marbre cristallin contraste avec l'orange mat de la terre cuite. N'essayez pas de tailler la terre cuite dans la tranche si la mosaïque est destinée à être piétinée. La terre, en effet, perdrait de sa solidité. Elle ne doit pas non plus être employée à l'extérieur, étant très vulnérable au gel.

Paysage en smalts

Cette œuvre, *Paysage en smalts*, est entièrement faite de smalts. Le smalt est un verre émaillé et éclaté, garni de petits trous, et qui perd beaucoup 0de son intensité une fois jointoyé (car les trous se remplissent de mortier et atténuent l'aspect général). Ses surfaces courbes et fracturées sont extrêmement réfléchissantes, et l'intensité des couleurs peut rendre leur emploi difficile en mosaïque. Comme vous le constaterez dans le *Panneau de jardin* (p. 60), quelques touches de smalts suffisent à introduire un puissant élément de couleur à une mosaïque.

Bien évidemment, une mosaïque non plane ne convient pas aux lieux poussiéreux ni aux sols. Les meilleurs emplacements sont probablement les endroits sans poussière, bien éclairés, et que l'on peut voir à distance.

Le *Panneau de jardin* et le *Numéro de rue* (p. 64) sont deux pièces murales.

Payasage bleu

Dalle décorative

Les tesselles de la dalle réalisée pour ce projet sont agencées en «éventail». Une fois que vous aurez maîtrisé cette technique, essayez de créer d'autres motifs simples, comme ceux de la page ci-contre. Si les différents motifs se marient si bien ensemble, c'est en partie grâce à l'utilisation d'un seul matériau : le marbre noir et blanc. Les dalles sont destinées à paver une allée de jardin ou à figurer en motif central. Bien que réclamant beaucoup de patience, elles sont particulièrement adaptées aux débutants car elles font appel à toutes sortes de techniques.

MATÉRIEL NÉCESSAIRE

Ciseaux
Papier kraft
Colle vinylique à l'eau (diluée dans une même quantité d'eau)
Cubes de marbre (environ 2 kg de cubes de 1 cm d'épaisseur)
Compas
Crayon
Pince japonaise
Support en bois et baguettes de section carrée
Vis et tournevis
Vaseline
Chiffon non pelucheux
Gants de caoutchouc
Ciment
Raclette
Truelle
Sable
Pince coupe-fil
Treillis métallique
Planche à lisser
Sac de polyéthylène

1 Découpez un carré de papier kraft. Commencez par coller les cubes de marbre le long du bord extérieur du papier. Laissez un espace régulier entre chaque cube. À l'aide d'un compas, dessinez 3 demi-cercles à chaque coin.

2 Collez de plus petits cubes en éventail, en commençant par le bord extérieur de chaque éventail. Taillez les cubes à la forme désirée, au fur et à mesure de vos besoins.

3 Confectionnez un cadre en assemblant quatre baguettes de bois à l'aide de vis, puis vissez le cadre sur le support. Pour déterminer la longueur de chaque baguette, comptez la longueur d'un côté du papier kraft plus la largeur d'une baguette, plus quelques millimètres afin que l'assemblage ne soit pas trop serré et que le papier ne se plie pas quand on le pose à l'intérieur. Graissez l'intérieur du cadre à la vaseline.

4 Posez la mosaïque terminée sur une planche afin de protéger le plan de travail. Jointoyez-la avec un coulis de ciment. Il s'agit d'un mélange de ciment et d'eau, ayant la consistance d'une crème épaisse. Avec une raclette, enfoncez bien le coulis dans les joints.

5 Essuyez l'excédent de coulis à l'aide d'une éponge bien essorée (si l'éponge est trop imbibée d'eau, cela détrempera le papier et détruira la mosaïque).

6 Ôtez la mosaïque de la planche et déposez-la, côté papier dessous, dans le moule. Essayez de déterminer quelle quantité de mortier est nécessaire pour remplir le moule, et préparez-en à raison de trois parts de sable pour une part de ciment. Ajoutez juste assez d'eau pour rendre le mélange malléable (mais pas trop). Étalez une couche sur la surface de la mosaïque, jusqu'à mi-hauteur du moule. Découpez un carré de treillis métallique, qui servira à renforcer la dalle. Remplissez le moule de mortier jusqu'en haut, en couvrant bien le treillis.

7 Vous travaillez maintenant sur ce qui va être le dos de la dalle. Tassez la surface à la planche à lisser. Couvrez de polyéthylène et laissez sécher 48 heures.

8 Même au bout de deux jours, la mosaïque ne sera pas complètement sèche : manipulez-la avec soin jusqu'au dernier moment. Retournez le moule et retirez les vis qui maintiennent le cadre au support. Retournez à nouveau le moule et dévissez les vis du cadre. Sortez la dalle du moule.

9 Posez la dalle à l'endroit et imbibez le papier d'eau. Détachez soigneusement le papier, en travaillant à partir des coins jusqu'au milieu de la dalle. Nettoyez la surface à l'eau, jointoyez à nouveau et lustrez avec un chiffon. Couvrez de polyéthylène et laissez reposer une quinzaine de jours. Scellez la dalle dans un mélange de mortier sec. Quand elle est bien placée, mouillez généreusement le mortier.

Dessus-de-table

Cette table en céramique reprend de nombreux aspects mentionnés pp. 44-46, notamment la variété des effets produits par les différentes méthodes de coupe. Il s'agit d'une réalisation de grande taille, mais vous pouvez utiliser la même technique sur un plateau plus petit. Chaque poisson ou presque est traité de manière différente ; libre à vous de vous en inspirer ou de créer votre propre assemblage. Le fond se distingue des poissons grâce à l'emploi de lignes ondulées continues réalisées avec de petits carrés, et passant du noir au blanc, puis de nouveau au noir. N'ayez pas peur d'essayer des arrangements qui semblent confus tant que la pièce n'est pas jointoyée : par exemple, un poisson noir et blanc sur fond blanc. À condition d'utiliser des tesselles d'une forme différente de celles du fond, votre poisson deviendra parfaitement distinct une fois les joints comblés. Ce n'est qu'en expérimentant que vous découvrirez ce qui rend bien ou non.

MATÉRIEL NÉCESSAIRE

Ciseaux
Papier kraft
Fusain
Carreaux de céramique noirs et blancs
Pince japonaise
Crayon
Colle vinylique à l'eau (diluée dans une même quantité d'eau)
Mortier à joints gris
Gants de caoutchouc
Raclette
Contreplaqué marine de 12 mm d'épaisseur
Ciment-colle pour usage extérieur (pour bois)
Adjuvant à base de latex
Fines baguettes de bois pour le cadre
Pointes
Peinture
Chiffon non pelucheux

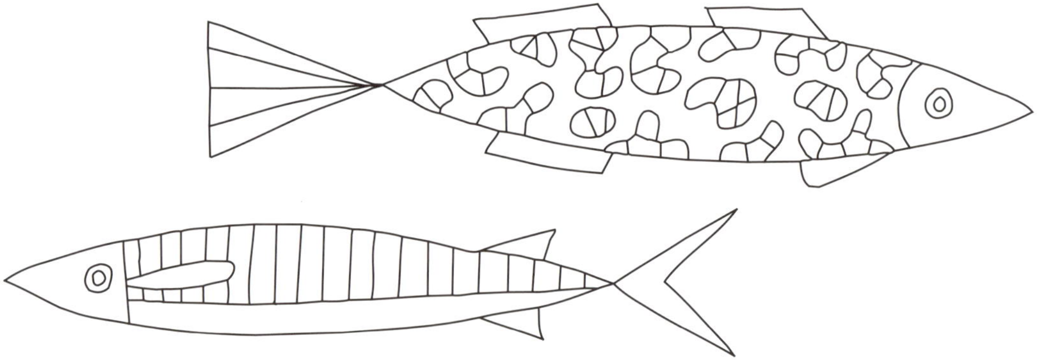

1 Découpez un morceau de papier aux dimensions du dessus-de-table, et dessinez votre motif au fusain. N'oubliez pas qu'un certain équilibre entre clarté et subtilité doit dominer l'œuvre. Découpez le papier en plusieurs sections. Commencez par les éléments principaux du motif (ici, les taches du poisson).

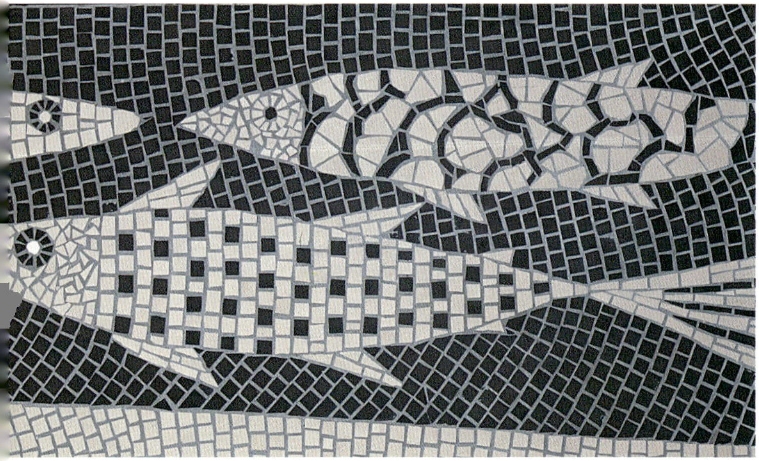

Le dessus-de-table se fait selon la méthode indirecte. Une fois achevé, préjointoyez-le et fixez-le au support, section par section, à l'aide d'une couche régulière de ciment-colle additionné de latex. Pour vérifier l'alignement des tesselles, détachez le papier et ajustez les interstices section par section. Une fois le panneau achevé, essuyez-le avec une éponge humide (très essorée) et laissez sécher. Quand la mosaïque a pris, jointoyez à nouveau, essuyez à l'éponge essorée et lustrez à l'aide d'un chiffon sec non pelucheux. Encadrez-le et montez-le sur un support de table.

2 Un motif aussi ambitieux que celui-ci requiert quelques formes complexes. Pour les faire sans trop de difficulté, taillez les tesselles approximativement, puis fignolez-les en rognant les bords à la pince. Heureusement, il est très facile de dessiner au crayon sur de la céramique. Il peut également être utile de placer la tesselle à l'endroit voulu et de dessiner le contour, si la forme requise est difficile à se souvenir.

Notre table fait environ 2 × 1 m. Un grand panneau comme celui-ci se retourne difficilement d'un seul tenant : prévoyez en conséquence de le diviser en sections. Ici, les changements de couleur du fond correspondent aux différentes sections découpées.

3 Coupez le long du trait de crayon. Les chutes pourront être utilisées ultérieurement. Ne restez pas esclave des formes que vous avez dessinées au fusain : c'est la façon dont les tesselles s'imbriquent qui importe. Les taches du poisson étant assemblées de manière non rectiligne, il en sera de même pour le reste des écailles, afin d'obtenir un résultat plus harmonieux.

Panneau de jardin

L'arbre représenté sur ce panneau est divisé en quatre saisons, et mélange les matériaux pour créer une ambiance particulière à chaque époque de l'année. Le ciel d'hiver se compose de galets de marbre tandis que le ciel printanier recèle quelques touches d'or et de smalts. L'œuvre joue sur les contrastes non seulement des couleurs mais aussi des matières : marbre éclaté et scié, verre doré à la feuille, galets de marbre et smalts aux couleurs chatoyantes. La mosaïque est destinée à un usage extérieur, où sa rude texture et ses couleurs «terre» seront le mieux appréciées.

MATÉRIEL NÉCESSAIRE

Contreplaqué marine de 12 mm d'épaisseur
Vis et tournevis
Baguettes de bois pour la pose murale
Fines baguettes pour le cadre
Pointes
Peinture
Fusain
Cubes de marbre sciés
Cubes de marbre polis
Galets de marbre
Tesselles en or
Ciment-colle blanc à prise lente pour usage extérieur
Adjuvant à base de latex
Couteau à palette ou vieux couteau
Pince japonaise
Smalts
Baguettes de marbre

1 Préparez une planche qui pourra être suspendue au mur : commencez par visser une chute de bois horizontale en haut de la planche, puis une deuxième en bas, à l'aide de vis enfoncées à la perceuse depuis le devant de la planche. Les vis doivent être noyées afin que les tesselles puissent reposer à plat dessus. Ensuite, fabriquez le cadre avec quatre baguettes – qui doivent être de même hauteur que les tesselles les plus épaisses – et des pointes. Peignez le cadre et laissez-le sécher.
À présent, dessinez votre motif au fusain directement sur la planche (le fusain facilite les corrections). Au moment de choisir les couleurs, pensez à la façon dont les smalts et les matériaux naturels se marieront ensemble. Gardez à l'esprit que les couleurs des tesselles seront plus intenses une fois celles-cicoupées. Pour vous assurer que vos couleurs vont bien ensemble, remplissez un petit bout du motif avant de commencer à couper et à coller les tesselles.

2 Choisissez un ciment-colle étanche et compatible avec le bois. Il doit en outre sécher lentement, afin de vous laisser le temps de travailler. Commencez par coller les cubes de marbre sciés tout autour de la bordure. Enfoncez-les dans un lit de ciment-colle relativement épais, appliqué avec un couteau à palette. N'en mettez pas trop, car il remonterait entre les tesselles et souillerat le marbre. Ne travaillez que sur une petite section à la fois, pour éviter qu'un film sec ne se forme sur le ciment. Nettoyez immédiatement l'excédent, afin qu'il n'apparaissent de «bosses» sur la planche. Une fois la bordure achevée, attaquez-vous aux branches (en règle générale, on commence toujours par l'élément principal du motif). Coupez les cubes de marbre en deux et posez-les côté fracturé vers vous, en enfonçant la partie plate dans le ciment-colle. Essayez de laisser un écart régulier entre chaque cube. Vérifiez que les smalts sont bien en contact avec le ciment-colle : la tâche est plus difficile qu'avec le marbre en raison de leur surface irrégulière. Scellez-les éventuellement dans une couche de ciment plus épaisse (si du ciment tombe sur la surface d'un smalt, retirez-le à l'aide d'une pointe). Terminez une branche avant de faire les feuilles. Une fois l'arbre achevé, commenez le ciel.

À la base de l'arbre, nous avons utilisé de petites baguettes de marbre qui contrastent avec les cubes noirs et blancs. Dans une mosaïque relativement symétrique comme celle-ci, mieux vaut terminer une moitié avant de commencer l'autre.

Numéro de rue

Ce projet de numéro de rue personnalisé emploie des cubes de marbre blanc et des galets de marbre vert : le contraste de formes et de couleurs facilite la lecture de la plaque à distance. La mosaïque achevée peut être fixée au mur avec le ciment-colle étanche utilisé pour sceller les cubes et les galets. Au moment de poser la plaque au mur, vérifiez bien son horizontalité à l'aide d'un niveau à bulle.

MATÉRIEL NÉCESSAIRE

Marqueur noir
Carreau de céramique pour usage extérieur
Papier kraft
Pince japonaise
Cubes de marbre blanc
Ciment-colle gris à prise lente pour usage extérieur
Couteau à palette ou vieux couteau
Galets de marbre vert

1 Dessinez une bordure et le numéro désiré sur la face brillante et émaillée du carreau. Si vous pensez ne pas vous souvenir du motif une fois recouvert d'adhésif, prévoyez d'en faire une copie sur un carré de papier kraft de même taille que le carreau. Vous pourrez vous y référer à mesure que vous décorerez le carreau.

2 Coupez quelques cubes de marbre en deux. Appliquez le ciment-colle sur la bordure et enfoncez les cubes dedans, côté fracturé vers l'extérieur. Veillez à ce que le ciment-colle ne remonte pas entre les joints. Continuez à couper les cubes au fur et à mesure de vos besoins. Une fois la bordure terminée, commencez les chiffres. Enfin, remplissez le fond à l'aide des galets de marbre. Ceux-ci étant de forme arrondie et irrégulière, collez-les avec une généreuse quantité de ciment.

3 À mesure que vous recouvrez les chiffres dessinés, tracez-en le contour dans le ciment-colle avec la pointe d'un couteau à palette. Rognez les cubes selon la forme désirée et placez-les au centre de la ligne tracée. Le ciment étant gris et de même ton que les galets, il n'est pas nécessaire de chercher à le dissimuler entièrement. Toutefois, veillez à ne pas en couvrir les galets.

OBJETS EN TROIS DIMENSIONS

Technique décorative extrêmement polyvalente, la mosaïque se prête à toutes les applications, ou presque. Au cours des années 1960, on recouvrait des bureaux entiers de pâtes de verre. Aujourd'hui qu'elle connaît un regain d'intérêt, la mosaïque s'utilise pour transformer toutes sortes d'objets, des vasques aux piscines. La clé de la réussite réside dans le bon choix d'adhésif à appliquer sur le support ainsi que dans l'emplacement de l'œuvre achevée. Vous trouverez une multitude de conseils à ce sujet dans les pages 16 à 19 de l'introduction. Avant de vous mettre à la tâche, gardez à l'esprit que les propriétés de la mosaïque sont parfois source de problèmes. Par exemple, une fois fixés et jointoyés, les cubes de marbre sont très pesants : un grand plateau décoré de tesselles en marbre serait beaucoup trop lourd à porter. Notez également que la mosaïque n'est pas très agréable au toucher et ne convient guère aux objets lisses et souvent manipulés, comme les rampes et les poignées de porte. La mosaïque est également vulnérable aux chocs et aux manipulations peu soigneuses, et tout objet en mosaïque présentant des arêtes vives doit être traité avec grand soin (voir p. 85). Un objet particulièrement adapté à la mosaïque est un petit plateau en bois, dont les bords relevés (voir ci-contre) permettront de protéger les tranches de la composition. Les surfaces courbes ne présentent pas de problème particulier, car les petites tesselles peuvent parfaitement épouser la forme de l'objet. Toutefois, le motif sera déformé par la courbe et doit donc rester très simple.

Dans les réalisations de petite taille, on peut exploiter l'une des principales propriétés de la pâte de verre : la transparence de certaines couleurs. Pour confectionner un photophore, comme celui de la page ci-contre, il suffit de coller la mosaïque avec de la silicone sur du verre transparent, puis de la fixer sur une boîte en bois munie d'une ampoule. On peut superposer plusieurs couches de verre translucide, notamment du verre coloré, afin de mélanger les couleurs et créer des motifs complexes. On peut aussi utiliser la lumière du jour comme source lumineuse, et réaliser des panneaux de verre coloré à suspendre contre une fenêtre.

Bougeoir

Ces ravissants bougeoirs sont fabriqués avec du verre coloré, que l'on trouve très facilement chez les fournisseurs de vitrail, chez quelques marchands de verre et dans la plupart des magasins de loisirs créatifs. La technique s'applique sur tout objet en verre transparent, à condition que sa forme soit suffisamment simple pour ne pas requérir une découpe trop complexe des morceaux de verre. Sur une surface bombée, le motif doit toujours suivre le sens de la courbe. Utilisez de petits morceaux de verre autour de la circonférence et de longs morceaux sur les parties verticales. Dans l'étape 3, appliquez une couche généreuse de mastic silicone, afin que le mortier ne s'infiltre pas sous les tesselles de verre.

Une fois le bougeoir terminé, fixez une grosse bougie au fond et allumez-la à l'aide d'une longue allumette. On peut aussi utiliser des bougies ordinaires, sans oublier toutefois de retirer la cire fondue au fond du verre.

MATÉRIEL NÉCESSAIRE

Ciseaux
Papier kraft
Verre à boire transparent
Stylo
Verre coloré
Coupe-verre
Règle
Pince coupe-carreaux
Mastic silicone
Vieux couteau
Mouchoirs en papier
Mortier à joints noir
Gants de caoutchouc
Éponge

1 Découpez un morceau de papier légèrement plus petit que le verre à décorer.

2 Entaillez le verre avec le coupe-verre et la règle. Brisez-le en fins rectangles et disposez ceux-ci sur le papier.

3 Appliquez une généreuse couche de mastic silicone au dos des morceaux de verre. Placez ces derniers sur le verre, et appuyez dessus à l'aide d'un mouchoir en papier. Laissez sécher environ une demi-heure.

4 Appliquez le mortier à la main, en travaillant de bas en haut du verre. Essuyez l'excédent à l'aide d'une éponge essorée. Laissez sécher au moins une demi-heure.

Broche

La découpe des tesselles en tout petits morceaux requiert une certaine patience. Coupez une tesselle de 20 mm en quatre, puis coupez chaque quart en quatre, et répétez encore une fois l'opération. Plus elles sont petites, plus les tesselles ont tendance à se briser ; toutefois, elles n'ont pas besoin d'être parfaitement carrées ou de taille absolument identique. Un peu de variété ajoutera une touche artisanale et personnelle à la broche.

Pour ce projet, nous avons utilisé des carreaux métalliques, mais les pâtes de verre feront aussi bien l'affaire. Leur bord biseauté ne convient pas, mais on peut couper de petits cubes au centre de chaque carreau. Les smalts et le marbre sont également utilisables. Une fois le bijou achevé, fixez au dos une épingle à broche ou un anneau de pendentif à l'aide de colle époxy.

MATÉRIEL NÉCESSAIRE

Plaque d'aluminium
Réglet métallique
Cutter
Crayon
Ciseaux
Pince
Lime métallique
Papier kraft
Pince japonaise
Tesselles métalliques
Colle vinylique à l'eau (diluée dans une même quantité d'eau)
Aiguille à repriser
Mastic silicone
Vieux couteau
Éponge

Dans cette mosaïque, la découpe des carreaux requiert une certaine dose de patience, mais le résultat en vaut certainement la peine.

1 Avec un cutter, incisez un carré dans l'aluminium et marquez les coins au crayon (les bords de la boîte devront être de même hauteur que les tesselles). Pliez le long de la ligne incisée pour la briser.

2 Avec des ciseaux, découpez les coins en suivant les traits de crayon.

3 À l'aide d'une pince, rabattez soigneusement les bords de la boîte vers le haut. Si les bords se plient irrégulièrement, il suffit de les redresser ultérieurement. Limez les arêtes vives qui s'accrocheraient aux vêtements.

4 Découpez un carré de papier de même taille que l'intérieur de la boîte. Coupez les tesselles en tout petits morceaux et collez-les sur le papier, côté face en bas. Vous pouvez éventuellement vous aider d'un outil pointu, comme une aiguille à repriser, pour placer les morceaux.

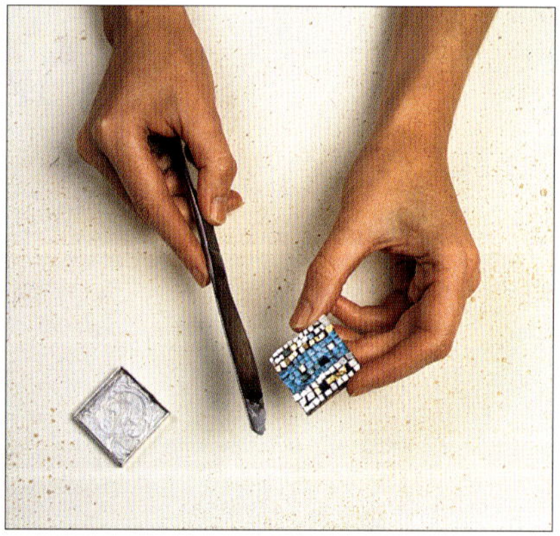

5 Avec un vieux couteau, étalez une couche de mastic silicone à l'intérieur de la boîte, en veillant à l'étendre jusqu'aux coins. Appliquez une fine couche de mastic au dos de la mosaïque afin de compenser les irrégularités d'épaisseur. Placez la mosaïque dans la boîte et appuyez légèrement dessus.

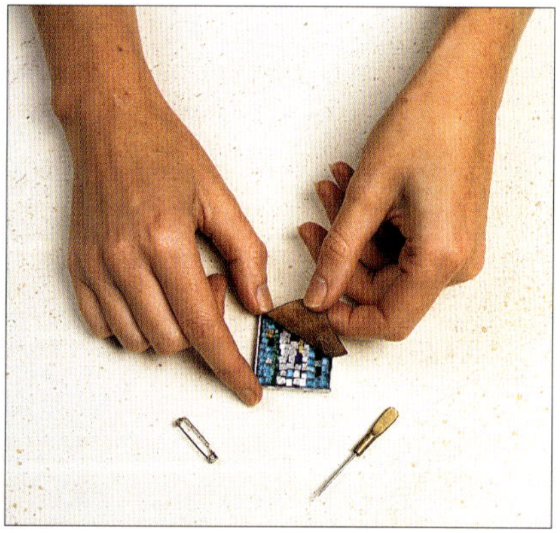

6 Avec une éponge bien essorée, humidifiez le papier. Gardez-le humide environ 15 minutes, puis ôtez-le délicatement en vous aidant de l'aiguille à repriser pour enfoncer les tesselles qui se détachent. Si le mastic est remonté entre les joints, grattez-le avec l'aiguille.

Pot en terre cuite

Ce pot en terre cuite tout simple a été conçu et réalisé par la décoratrice d'intérieur Linda Barker. Rien n'est plus facile que de décorer ces pots en terre cuite bon marché et de les transformer en ravissant récipients pour plantes d'intérieur et d'extérieur. Les jardineries et magasins de décoration proposent généralement un bon choix de pots. Pour un usage extérieur, choisissez un pot résistant au gel et vérifiez bien que ses bords sont lisses et réguliers. Une fois que vous l'aurez placé à l'endroit voulu, évitez de le changer de place car cela pourrait endommager les tesselles du rebord.

MATÉRIEL NÉCESSAIRE

Pot en terre cuite
Crayon
Papier
Règle
Tesselles en pâte de verre
Tesselles en céramique
Pince japonaise
Colle vinylique non soluble à l'eau
Récipient
Mortier à joints ivoire
Spatule
Eau
Raclette
Chiffon non pelucheux
Gants de caoutchouc

1 Sur un morceau de papier, dessinez les lignes principales du motif, qui vous serviront de guide. À l'aide d'une règle, marquez une ligne tout autour du pot, afin de vous en servir comme ligne de base pour la frise. Dessinez la tige princi-pale sur le pot, puis ajoutez les vrilles et les feuilles.

2 Sélectionnez et regroupez les tesselles. Pour créer un contraste intéressant, Linda a fait le fond en céramique, et le feuillage et le rebord festonné en pâte de verre. Coupez quelques tesselles et disposez-les sur votre croquis pour mieux juger de l'assortiment des couleurs.

3 Étalez un mince trait de colle sur le dessin au crayon et commencez à appliquer les tesselles (la colle deviendra transparente en séchant). Travaillez tout autour du pot, en variant les couleurs pour un plus bel effet.

4 Une fois la tige principale réalisée, ajoutez les feuilles et les vrilles. Façonnez les tesselles à la pince au fur et à mesure de vos besoins. N'oubliez pas de varier les couleurs, là aussi, pour donner plus de caractère à la mosaïque.

5 Une fois la frise achevée, coupez les tesselles du fond et commencez à les appliquer sur le pot. Utilisez la colle comme précédemment, section par section. Disposez la première rangée de tesselles du fond tout autour du motif principal.

6 Collez deux rangées de tesselles en céramique à la base du pot, puis remplissez le reste de manière moins structurée. Alternez deux nuances de crème ou de blanc pour ajouter de l'intérêt. Laissez un interstice régulier entre les tesselles.

7 Décorez maintenant le rebord festonné avec des tesselles en pâte de verre, en variant les couleurs comme précédemment. Pour un résultat parfait, suivez les bords extérieur et intérieur du rebord, puis remplissez le centre. N'oubliez pas la tranche.

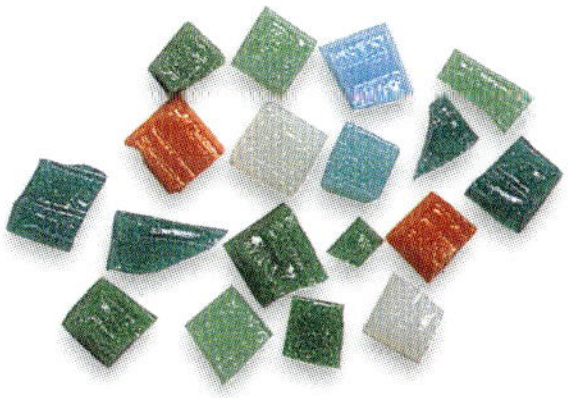

8 Dans un récipient, versez une petite quantité de mortier sec en poudre et formez un puits au centre à l'aide d'une spatule. Incorporez peu à peu de l'eau froide et mélangez jusqu'à obtention d'une consistance malléable. Posez une cuillerée de mortier sur la mosaïque et étalez-le sur les tesselles.

9 Étalez le mortier uniformément à l'aide d'une raclette. Quand tous les joints sont remplis, essuyez l'excédent de mortier à l'aide d'un chiffon doux. Laissez sécher le pot.

10 Pour éliminer les résidus de mortier séché, enfilez des gants de caoutchouc et essuyez le pot avec un chiffon humide.

Plat en smalts

Ce projet montre comment recouvrir un objet de mosaïque. Les tesselles utilisées sont des smalts, ou émaux, que l'on retrouve dans les mosaïques murales byzantines. Les smalts possèdent une extraordinaire intensité de couleur, qui rend très bien dans les motifs les plus simples. Comme ils présentent une surface irrégulière, mieux vaut utiliser un ciment-colle à prise lente, additionné d'un adjuvant à base de latex.

MATÉRIEL NÉCESSAIRE

Smalts
Plat en terre cuite
Crayon
Ciment-colle
Adjuvant à base de latex
Pinceau
Peinture

1 Choisissez vos couleurs et dessinez le motif au crayon sur le plat en terre cuite.

2 Appliquez une épaisse couche de ciment-colle sur une petite partie du plat. Si vous couvrez une zone trop importante, une pellicule risque de se former sur le ciment. Enfoncez les tesselles dans le ciment sans qu'il remonte à la surface entre les joints. Coupez vos tesselles au fur et à mesure, en plaçant la pince sur toute la largeur.

3 Une fois la base recouverte de mosaïque, appliquez le ciment-colle, section par section, sur les bords et la tranche. Appliquez une généreuse couche de ciment-colle sur la tranche, plus vulnérable aux chocs. Laissez sécher deux heures.

4 Une fois le ciment sec, peignez l'extérieur du plat dans un coloris adéquat. Les couleurs neutres donnent les meilleurs résultats.

ERREURS : COMMENT LES ÉVITER

Voici quelques exemples de réalisations mal faites. Nous espérons qu'en étudiant nos erreurs, vous parviendrez à les éviter !

Éléphant

Sur cette pièce, l'éléphant commence à disparaître dans le fond. Le contraste de tons, de teintes ou d'intensités est insuffisant entre le corps de l'animal et le ciel alentour. Le contour de l'éléphant n'est pas assez clair pour mettre l'animal en avant, et il en résulte un effet de clair de lune !

Changements de mortier

L'exemple ci-dessous à droite a été réalisé pour montrer l'effet produit par des mortiers de différentes teintes sur la couleur des tesselles. On peut aussi jointoyer diverses parties d'une même mosaïque avec différentes couleurs, soit pour rompre la monotonie, soit pour utiliser un mortier à joints adapté à un changement de couleur. Cet exemple montre clairement que, lorsqu'on change la couleur du mortier, l'œil suit la ligne de démarcation faite par les tesselles, qui donne une impression de zigzag déconcertante. Ainsi, les changements de couleur du mortier doivent toujours suivre les rangées rectilignes des tesselles.

Centurion

Cette mosaïque (à gauche) illustre la façon dont différentes approches d'une même pièce peuvent entrer en conflit. Le corps du personnage a été composé avec soin, afin de lui donner un aspect tridimensionnel, mais ses vêtements sont traités comme s'il s'agissait de surfaces complètement planes. Il arrive que différentes approches puissent être combinées de manière heureuse, et le fond plat de cette mosaïque aurait probablement bien rendu si le personnage avait été plus cohérent.

Insecte

L'erreur ici a été de coller la mosaïque sur un panneau plus petit. Les bords biseautés des pâtes de verre semblent bien s'y prêter, et, malgré la difficulté de ce type de pose, l'effet est plaisant de prime abord. Toutefois, on ne peut obtenir une bonne adhérence des tesselles qui débordent du panneau. Elles sont en effet sujettes aux mouvements d'expansion et de contraction du panneau, ainsi qu'aux changements de température. Elles sont également très vulnérables aux chocs, et elles ne tarderont sans doute pas à se détacher.

GABARITS

Les gabarits sont extraits des réalisations «pas à pas» de l'ouvrage. Les motifs utilisés pour les mosaïques effectuées selon la méthode indirecte apparaissent à l'envers. Nous avons également inclus trois autres modèles simples : un canard, un cygne et un motif géométrique. Vous pouvez agrandir ou réduire les gabarits à la photocopieuse pour les faire coïncider avec la taille de la mosaïque envisagée.

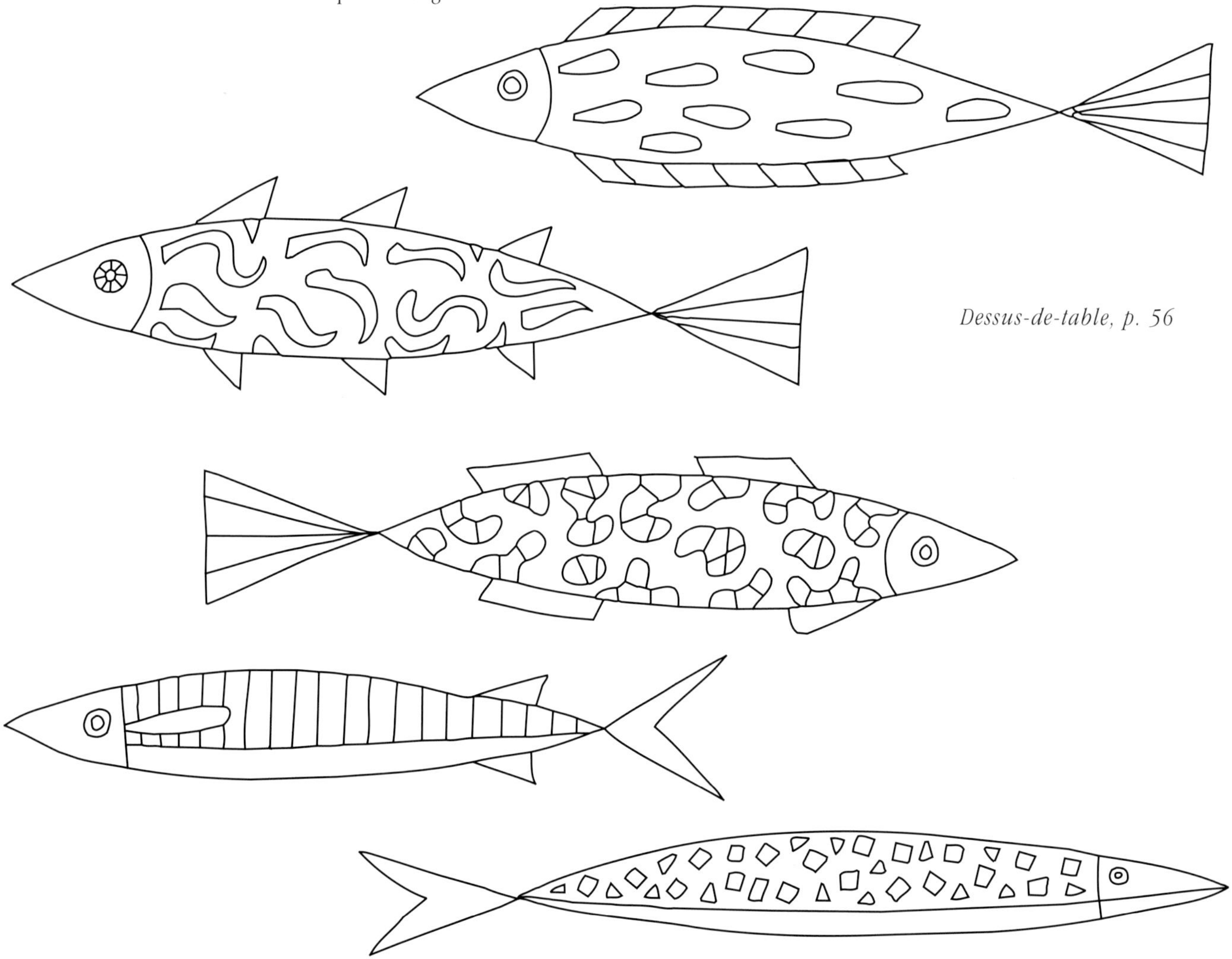

Dessus-de-table, p. 56

Motif de canard

Cygne

Carreaux sur canevas, p. 36

Frise animalière : zèbre, p. 43

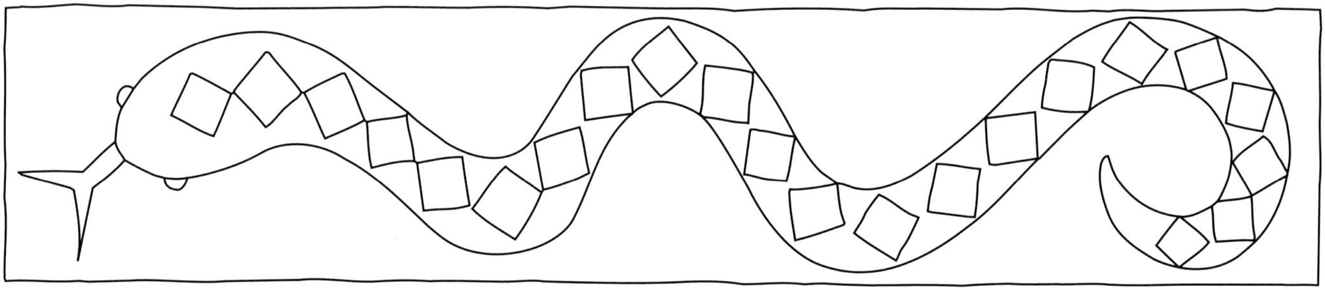

Frise animalière : serpent, p. 43

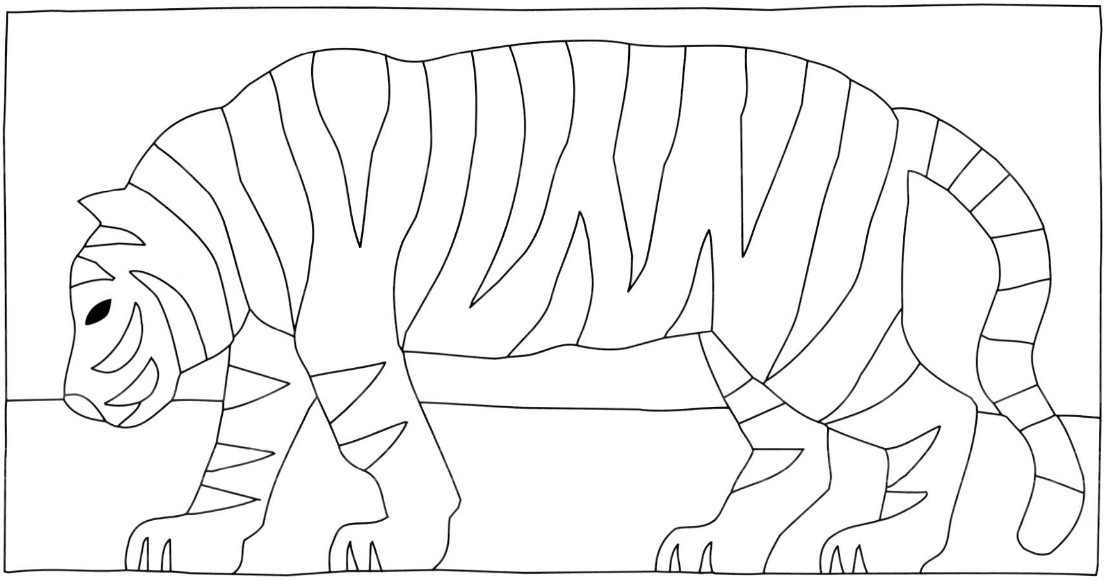

Frise animalière : tigre, p. 40

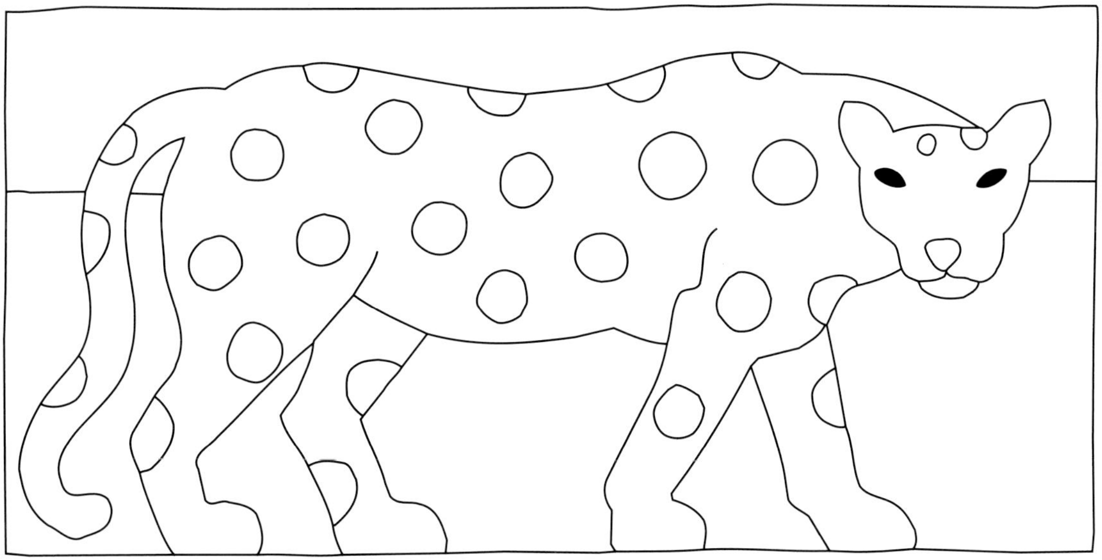

Frise animalière : léopard, p. 40

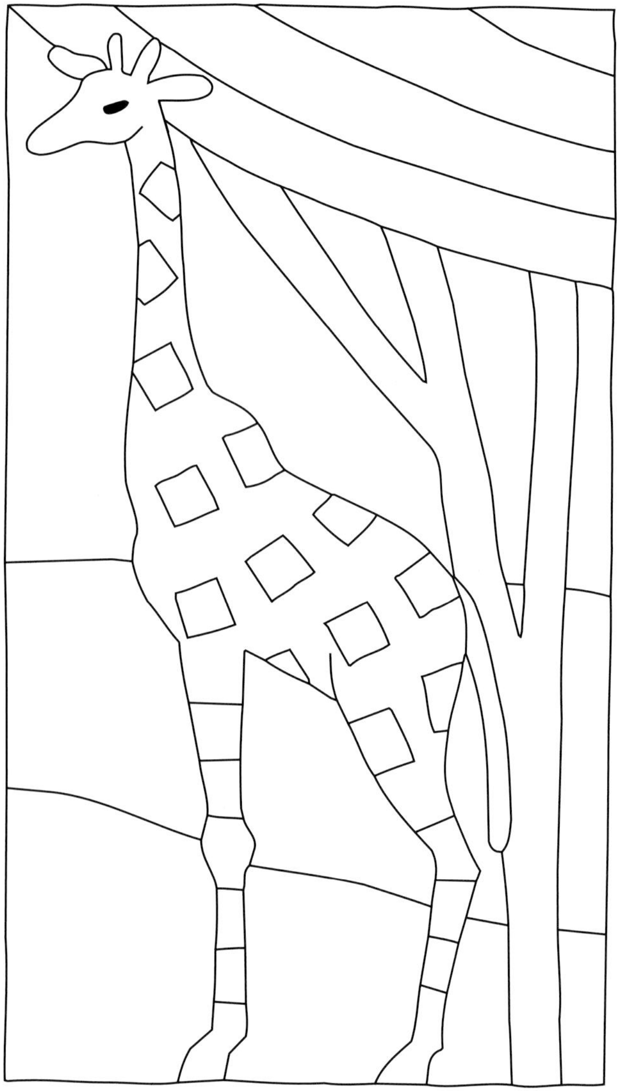

Frise animalière : girafe, p. 42

Cheval décoratif, p. 30

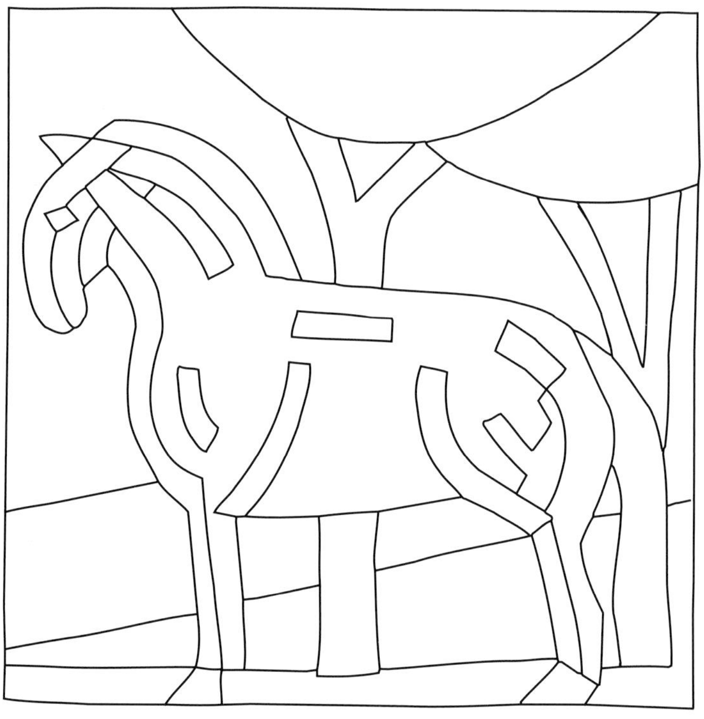

Dalle décorative, p. 50

Motif géométrique

Fournisseurs

Supports en bois

Les bons magasins de bois découpent les planches à façon, à moins que vous ne vouliez acheter la planche en entier. Elles font généralement 2,80 × 1,20 m. Faites différentes boutiques et demandez s'ils ont des chutes, qui peuvent s'avérer fort utiles comme support de mosaïque.

Magasins de carrelage

La plupart des marchands de carreaux ne vendent pas de mosaïque, mais cette tendance est en train d'évoluer face à la demande. Toutefois, ces magasins vendent les outils et les adhésifs requis. Vérifiez toujours que les adhésifs achetés correspondent bien à ce dont vous avez besoin : par exemple, qu'ils sont adaptés à un usage extérieur. Certains magasins peuvent vous donner des carreaux cassés destinés à être jetés.

Quincailleries

Vous y trouverez tout le matériel de fixation, comme les vis, les pointes et le fil de laiton, dont vous aurez besoin pour suspendre vos œuvres. Vérifiez bien que les pinces japonaises vendues sont celles utilisées dans l'ouvrage.

Bonne adresse de fournitures pour mosaïque :
Champion Mosaic
(12, Villa Championnet)
198, rue Championnet
75018 Paris
Tél. : 01 53 06 80 90
Fax : 01 53 06 80 91
Site internet : www.champion-mosaic.fr
e-mail : contact@championnet-carrelages.fr

REMERCIEMENTS

James, Nichole, Jo, Gideon, Alice et Sallie. Patrick pour les fleurs. Bonjour à Lucas. Merci à l'équipe.